LA BELLE ARSÈNE,

COMÉDIE-FÉERIE,

EN TROIS ACTES,

MÊLÉE D'ARIETTES.

Les Paroles sont de M. FAVART.

La Musique est de M. ***.

LA BELLE ARSÈNE,

COMÉDIE-FÉERIE,

EN TROIS ACTES,

MÊLÉE D'ARIETTES,

Représentée devant SA MAJESTÉ, à *Fontainebleau*, le 6 *Novembre* 1773.

DE L'IMPRIMERIE

De P. ROBERT-CHRISTOPHE BALLARD, feul Imprimeur pour la Mufique de la Chambre & Menus Plaifirs du Roi, & feul Imprimeur de la grande Chapelle de Sa Majefté.

M. DCC. LXXIII.
Par exprès Commandement de Sa Majefté.

ACTEURS.

ARSÈNE,	La Dlle. Trial.
ALCINDOR, *Chevalier François, Amant d'Arsène.*	Le Sr. Clerval.
ARTUR, *Écuyer d'Alcindor.*	Le Sr. Nainville.
LA FÉE ALINE,	La Dlle. Moulinghen.
EUGÉNIE,	La Dlle. Desglands.
MYRIS,	La petite Desbrosses.
LE CHARBONNIER,	Le Sr. Nainville.

QUATRE GARÇONS CHARBONNIERS,

NYMPHES DE LA SUITE D'EUGÉNIE,

DAMES ET CHEVALIERS,

EUNUQUES NOIRS.

La Scène est à Paris, & l'action se passe sous le règne de Henri Second & de Catherine de Médicis.

ACTEURS DANSANS.

PREMIER ACTE.

CHEVALIERS et DAMES.

Le Sr. DESPRÉAUX.

Les Srs. Rogier, Léger, Laval fils, Trupty.

Les Dlles. Godot, Lafond, Adeline, Delfevre.

SECOND ACTE.

NYMPHES.

Les Dlles. Godot, Adeline, Delfeve, Dubois, Thédore, Jude.

EUNUQUES NOIRS.

Le Sr. MALTER.

Les Srs. Larue, Doffion, Gigues, Giroux, Laval fils, Guillet.

TROISIÈME ACTE.

NOBLES.

Le Sr. LEFEVRE. La Dlle. LECLERC.

Les Srs. Rogier, Léger, Despréaux, Davoigny, Giroux, Doffion.

Les Dlles. Julie, Cléophile, Conftance, Adélaïde, Lafond, Dubois.

CHŒURS
DE LA MUSIQUE DU ROI.

LES DEMOISELLES

Desjardins.	Aubert.
Daigremont.	Favier.
Camus.	Bretin.
Dumas.	Reich.

LES SIEURS

FAUCETS. { Puceneau.
           Becquet.

HAUTE-C. { Basire, l'aîné.
           Besche, cadet.

TAILLES. { Marcou.
          Coussi.

BASSES. { Abraham.
          Cuvillier.
          Puteaux.
          Joquet.
          Durais.
          Surville.

CHŒURS
DE LA COMEDIE ITALIENNE.

LES DEMOISELLES

3. Dlles.
- Billioni.
- La Buixiere.
- Lefevre.
- Gaux.
- Linguet.

LA BELLE ARSÈNE,
COMÉDIE-FÉERIE,
EN TROIS ACTES.

ACTE PREMIER.

(*Le Théâtre représente un Sallon richement décoré.*)

SCÈNE PREMIÈRE.
ALCINDOR.
ARIETTE.

AH! Quel tourment
Pour un amant
Tendre & fidele!
Ah! Quel tourment
D'aimer une beauté cruelle,

Et sans espoir d'être heureux en l'aimant.
J'ai vû de près la mort, & d'une ame intrépide
J'aurois bravé les enfers & les cieux ;
Mais j'aime, j'aime, & devant deux beaux yeux
Je suis tremblant, je suis timide.
Ce sont mes Rois, ce sont mes Dieux ;
Et de mon sort leur puissance décide.

Mais quel tourment, &c.

SCÈNE II.

ALCINDOR, ARTUR.

ARTUR.

C'EST mon cher maître ! On vous croyoit perdu.
A tous nos vœux vous voilà donc rendu,
Votre départ étoit un grand mystère,
Même pour moi. J'en ai le cœur navré.

ALCINDOR.

Quand on veut voir un secret ignoré,
Il faut avoir grand soin de te le taire.

ARTUR.

Mais vous saviez qu'on donnoit un Tournois?
Vous eussiez fait briller votre vaillance.
N'avez-vous plus l'ardeur qui tant de fois,
Vous fit nommer un des Preux de la France ?

ALCINDOR.

Mon cœur flétri par l'excès de souffrance...

COMÉDIE-FÉERIE.
ARTUR.

C'est mal à vous: on vous a prévenu.
Un Chevalier étranger, inconnu,
Visière basse, a paru dans l'arêne;
Et son cartel, noblement présenté,
Annonce à tous que nulle autre beauté
N'est comparable à la beauté d'Arsène.

ALCINDOR.

Tout l'avantage étoit de son côté.

ARTUR.
ARIETTE.

Au bruit des tambours, des tymbales,
Des trompettes & des cymbales,
Ce Preux & galant Chevalier,
Se fait ouvrir fièrement la barrière;
Le nom d'Arsène étoit sur sa bannière,
Sur son écu, sur son cimier.
Avec assurance,
Il s'avance;
Il pique un superbe coursier,
Qui comme un trait part & s'élance.
Rien ne fait resistance
A ce brave guerrier.
Autant de fois qu'il fournit sa carrière,
Autant de Chevaliers roulent sur la poussière;
Fanfare à l'instant, mille cris
Célèbrent sa valeur & la beauté d'Arsène:
On le mène en triomphe à notre auguste Reine *;
De ses mains il reçoit le prix.

ALCINDOR.

Et penses-tu qu'Arsène soit flattée?...

* *Catherine de Médicis présidoit aux Tournois.*

LA BELLE ARSÈNE,
ARTUR.

Je n'en crois rien ; car tout lui semble dû ;
Sur son orgueil elle est si haut montée,
Que ce qu'on fait pour lui plaire est perdu.

ALCINDOR.

Soupçonne-t-on quel est cet inconnu ?

ARTUR.

Jusqu'à présent, tout le monde l'ignore ;
C'est quelque fou qui sans doute l'adore ;
Mais je ne sais s'il sera bien venu.

ALCINDOR.

Je le connois & j'ai sa confiance ;
Il aime Arsène avec extravagance.

ARTUR.

Est-il bien vrai qu'il ait perdu l'esprit ?

ALCINDOR.

Mais à-peu-près.

ARTUR.

Ah ! C'est vous mon cher maître !
Je m'en doutois, mon cœur me l'avoit dit ;
Et j'aurois dû dabord vous reconnoître ;
Je vais par-tout en faire le récit.

ALCINDOR.

Garde-t'en bien. Je te remets ce gage * ;
Tu vas conduire ici nos Chevaliers.
La belle Arsène en recevra l'hommage.
On doit toujours présenter les lauriers
A qui nous fait inspirer le courage.

ARTUR.

Vous défendez de dire votre nom ?

Il lui donne un riche bracelet de diamans.

COMÉDIE-FÉERIE.

ALCINDOR.
Expressément.

ARTUR.
La chose est difficile.

ALCINDOR.
Et nécessaire.

ARTUR.
Est-ce bien tout de bon ?

ALCINDOR.
Oui.

ARTUR.
J'obtiendrois peut-être mon pardon.

ALCINDOR.
Non ; pour jamais loin de moi je t'exile.

ARTUR.
Quoi ! loin de vous ? Je mourrois dans ce cas ;
Mais je mourrai, si je ne parle pas. (*Il sort.*)

SCÈNE III.

ALCINDOR.

SI mon secret étoit connu d'Arsène,
Je paroitrois en exiger le prix ;
Et si son cœur n'approuve pas ma chaîne,
Je gémirai sans être moins épris.

SCÈNE IV.

ALINE, ALCINDOR.

ALINE.

Consolez-vous, reconnoissez Aline.
Vous méritez un sort moins rigoureux ;
Eclaircissez l'humeur qui vous domine,
Brave Alcindor ; je protège vos feux.

ALCINDOR.

Puis-je esperer un secours généreux ?

ALINE.

Il est un jour, un seul jour dans l'année,
Où, par les loix de notre destinée,
Notre pouvoir demeure suspendu.
Sans vous ma vie eût été terminée.
Je m'en souviens..

ALCINDOR.

J'ai fait ce que j'ai dû.

ALINE.

Et moi je veux adoucir votre peine.
Non, non, jamais un bienfait n'est perdu.

ALCINDOR.

Changez, changez pour moi le cœur d'Arsène.

ALINE.

Tout mon pouvoir ne peut rien sur un cœur ;
Mais par degrés il faut que je l'amène

COMÉDIE-FÉERIE.

Jusques au point de sentir son erreur.
Je ne veux pas contraindre ma filleule ;
Je l'aime trop.

ALCINDOR.

Ne cherchez que son bien,
Et tout entier sacrifiez le mien,
Ma vie encor.

ALINE.

Mon Arsène est bégueule ;
C'est un travers qui vient de vanité.
Pour la changer, l'Amour est le seul maître.
Indifférente, une jeune Beauté
N'est pas parfaite, & croit cependant l'être.
L'encens lui semble un tribut mérité.
Mais quand l'Amour vient à se faire entendre,
Lorsqu'un Amant a l'art de l'émouvoir,
La défiance alors vient la surprendre,
De ses défauts la fait appercevoir.
La modestie annonce une ame tendre,
Avec ardeur elle tâche d'avoir
Ce qu'elle croit qui lui manque pour plaire ;
Et dès qu'on veut refondre un caractère,
C'est à l'Amour qu'appartient ce pouvoir.

ALCINDOR.

De ce portrait Arsène est le contraire.

ALINE.

De sots amants tournent sans cesse autour ;
Ils l'ennuîront, je vous le certifie :
C'est un grand point. Etant jeune & jolie,
Assez souvent l'ennui mène à l'amour.

ALCINDOR.

Et si je suis le premier qui l'ennuie ?

ALINE.

Je l'avoûrai, vous êtes languiffant ;
Mais vous fçavez vous rendre intéreffant.
Votre valeur eft par-tout exaltée,
C'eft près d'Arsène un titre fort puiffant :
De votre hommage elle fera flattée.

ARIETTE.

Il ne faut pas vous alarmer:
Un tems vient qu'on eft moins févere.
Lorfque l'on cherche à tout charmer;
On eft bien près de s'enflâmer ;
Et toujours le defir de plaire
Annonce le befoin d'aimer.
C'eft en vain que la plus rebelle
Contre fon cœur voudroit s'armer ;
Penchant d'amour naît avec elle ;
Penchant qu'on ne peut réprimer.
Par fes efforts elle décèle
Le feu qu'elle croit renfermer.
   Il fuffit d'une étincelle
      Pour l'allumer;
Et l'Amour, d'un feul coup d'aîle,
      Sçait l'animer.
Il ne faut pas vous allarmer, &c.
   Veut-on de fa maitreffe
   Soumettre la fierté :
  Il faut avec adreffe
   Piquer fa vanité.

ALCINDOR.

Non, non, je n'ai, pour vaincre fa fierté,
Que mes foupirs, mon refpect, ma tendreffe.

ALINE.

Hon! le refpect eft bon, mais modéré.

COMÉDIE-FÉERIE.

Je vois de loin, en qualité de Fée,
Un siècle heureux où l'esprit éclairé
Érigera nos faveurs en trophée,
Et la Beauté, facile dans le choix,
N'attendra pas le hazard d'un Tournois.

ALCINDOR.
Il faut au moins mériter une Belle.

ALINE.
Croyez-vous donc cette loi bien formelle ?

ALCINDOR.
Oui.

ALINE.
C'est selon.

ALCINDOR.
Comment ?

ALINE.
Il se pourroit
Qu'une Beauté trop long-tems attendroit.
On perd ainsi le beau tems de la vie.
Mon cher enfant, je vous le dis bien bas :
La patience est une duperie.

ALCINDOR.
Tout Chevalier hardi dans les combats
Devient timide, & tremble auprès des Dames.

ALINE.
Cet abus-là ne subsistera pas.
Quand on est Fée, on connoît bien les femmes.
Arsène ici doit se rendre bientôt.
Mon bon ami, soyez un peu moins gauche :
Piquez-la même.

ALCINDOR.
Ah, grands Dieux !

LA BELLE ARSÈNE,
ALINE.

       Il le faut.
D'un fade amour triste & mauvaise ébauche,
Sçachez de moi, Chevalier si fameux,
Que quelquefois, poliment téméraire,
Un Amant doit être un peu hazardeux.
L'art de l'amour tient de l'art de la guerre.
       (*Il sort.*)

SCÈNE V.

ALCINDOR, *seul.*

AH! tous mes jours seront donc malheureux!

ARIETTE.

 Le désespoir m'entraîne,
 Il déchire mon cœur,
 Amour, dont la rigueur
 Appesantit ma chaîne,
 Es-tu Dieu du bonheur?
Non, non; tu n'es qu'un Dieu de rage & de fureur.

 Malheureux Alcindor,
 Ton esperance est vaine;
 Ton bras te reste encor
 Pour terminer ta peine.

 J'adore une inhumaine;
 Je n'attends que la mort
 Pour terminer mon sort;
 Je n'attends que la mort.

 Le désespoir m'entraîne, &c.

SCÈNE VI.

ARSÈNE, ALCINDOR.

ARSÈNE.

Enfin, Monsieur, vous voilà de retour.

ALCINDOR.

Du même trait ayant l'ame percée...,
Vous seule étant l'objet de ma pensée...

ARSÈNE.

Ah, quel ennui! parler encor d'amour!
De vingt Amans je me trouve obsédée.
Tout entrepris, l'un m'aborde en tremblant;
Son pauvre esprit, sans avoir une idée,
Reste en chemin & s'éteint en parlant,
Après m'avoir bêtement regardée.
Plus sot encore, un autre lestement
S'imagine être une bonne fortune,
Et se croit sûr de m'en procurer une,
En voulant trop brusquer le sentiment.
D'un ton pédant un troisième s'exprime,
Et, beau parleur, il pense être sublime,
Et me séduire en disant platement
Que son amour est fondé sur l'estime.
Que ne l'est-il sur mon amusement?
Enfin de tous je me vois la victime,
Et leur ennui m'assiége à tout moment.
J'en découvre un encor pour mon tourment.

ALCINDOR.
Aucuns portraits ne font égaux aux vôtres,
C'est m'ordonner de vous fuir.
ARSÈNE.
Franchement,
Vous me plaisez un peu plus que les autres;
J'ai le bonheur de vous voir rarement.
ALCINDOR.
Je suis touché de ce doux compliment.
ARSÈNE.
Tous mes parens vous trouvent fort aimable.
ALCINDOR.
Vous me voyez d'un œil bien moins flatteur.
ARSÈNE.
En vérité, la chose est admirable !
Mes parens font les honneurs de mon cœur.
ALCINDOR.
Sans cependant vous trouver plus traitable.

ARSÈNE.
Ariette.
Non, non ; j'ai trop de fierté
Pour me soumettre à l'esclavage :
Dans les liens du mariage
Mon cœur ne peut être arrêté.
Non, non ; j'ai trop de fierté
Pour me soumettre à l'esclavage.
A des égards l'hymen engage;
Je chéris ma liberté ;

Je prétends en faire usage ;
Ma regle est ma volonté.
On perd son autorité,
Dès l'instant qu'on la partage.
Non, non ; j'ai trop de fierté, &c.

ALCINDOR.

Je vois qu'il faut renoncer à vous plaire.

ARSÈNE.

Pour réussir, qu'avez-vous osé faire ?
N'avez-vous pas abandonné ces lieux,
Lorsqu'au tournois vous auriez dû paroître.

ALCINDOR.

Par vos mépris vous m'avez fait connoître
Que mon aspect vous étoit odieux.

ARSÈNE.

Odieux ! non ; mais, quoi qu'il en puisse être,
Pourquoi venir encor vous présenter ?

ALCINDOR.

Je viens ici pour vous féliciter.

ARSÈNE.

De quoi, Monsieur ?

ALCINDOR.

On dit que de la joûte
Un inconnu vient d'obtenir le prix.
Il vous le doit : vous l'inspiriez sans doute ;
De ses succès je ne suis pas surpris.

ARSÈNE.

En êtes-vous jaloux ?

ALCINDOR.

Non, au contraire;

B

ARSÈNE.

Au contraire !

ALCINDOR.

Oui.

ARSÈNE, *à part.*

Voudroit-il me piquer ?
Eh bien ! Monsieur, puisqu'il faut m'expliquer,
Il me plaît fort.

ALCINDOR.

Dieux ! pourroit-il se faire ?..
(*On entend un prélude de marche.*)

ARSÈNE.

Quel bruit entends-je, & qu'est-ce que je vois ?

ALCINDOR.

En devez-vous concevoir des alarmes ?
C'est, à coup sûr, l'inconnu du Tournois
Qui vient ici rendre hommage à vos charmes.

SCÈNE VII.

Les Acteurs précédens, ARTUR, CHEVA-LIERS ET DAMES, qui forment un divertissement. On apporte des faisceaux de lances brisées, des écus & des casques rompus, témoignages de la victoire remportée par l'inconnu du Tournois. Les Dames ont des couronnes de roses ; les Chevaliers des palmes & des lauriers. Après un pas de deux d'un Chevalier & d'une Dame, qui présentent leur couronne à la belle Arsène, Artur lui vient offrir un riche brasselet de diamants, en chantant les paroles suivantes, sur l'air de la marche.

ARTUR.

ARIETTE.

Nous venons en ces lieux, de la part du vainqueur,
Déposer à vos pieds le prix de son courage.
    Il vous doit son hommage ;
    Vous animiez son cœur.
    Sans oser paroître à vos yeux,
Son respect, son amour vous présentent ce gage.
    S'il a votre suffrage,
    Son sort est glorieux,

ARSÈNE.

Un si beau prix n'est dû qu'à sa valeur :
Je n'en dois pas partager l'avantage.
Si j'acceptois un si brillant hommage,
On se croiroit quelques droits sur mon cœur.
Que ce présent soit remis à son maître,
Et dites-lui qu'il soit bien convaincu,
Que mon desir n'est pas de le connoître.
Ce Chevalier, s'il eût été vaincu,
M'exposoit donc à partager sa honte ?
Il est vainqueur ; mais s'il a prétendu
Un autre prix, c'est en vain qu'il y compte.

ARTUR.

Oh ! pour le coup, me voilà confondu.
(*A Alcindor, voulant lui remettre le brasselet.*)
Eh bien, Seigneur ! présentez donc vous-même.

ALCINDOR, *le repoussant.*

Tu m'as trahi !

ARSÈNE.

Ma surprise est extrême.
Comment ! c'est-vous, Monsieur ?

ALCINDOR.

Je suis perdu !
J'avois voulu vous en faire un mystere,
Et malgré moi le secret éclaté ..
Ce que j'ai fait, un autre eût pû le faire,
Je ne dois pas en tirer vanité.

ARIETTE.

La Beauté fait toujours vôler à la victoire ;
Jusques aux Cieux son triomphe est porté,

Et sans l'espoir de plaire à la Beauté,
On ne connoîtroit point tout le prix de la gloire.
(*Le Chœur répet: les mêmes paroles.*)

ALCINDOR.

Sexe charmant, sexe enchanteur!
Vous inspirez la fierté du courage:
Les talens & les arts, tout devient votre ouvrage.
Vous disposez de notre cœur.
C'est vous, qui d'un souffle de flâme,
C'est vous qui nous créez une âme.
A la Nature on doit le jour;
C'est à vous que l'on doit l'Amour.
(*Avec le Chœur.*)
La Beauté fait toujours voler à la victoire, &c.

ARSÈNE, *à part.*

Je vois qu'il veut me forcer à l'aimer.
(*Haut.*) Plus que jamais je dois vous estimer.
Ce sentiment, Monsieur, doit vous suffire.
J'ai des raisons que je ne puis vous dire.
Aimez toujours, mais ne nous voyons plus.

ALCINDOR.

Oui, Je suivrai vos ordres absolus.
Quel sort fatal! quel charme insurmontable
M'a fait aimer cet esprit intraitable!

ARSÈNE.

Son air soumis m'attendrit malgré moi;
Mais c'est un piége, il veut donner la loi.

SCÈNE VIII.
ALINE, ARSÈNE.

ALINE.

MA chère enfant, ton intérêt m'amène ;
Je te chéris.

ARSÈNE.

   Ah ! ma chere marreine,
Je vous revois !

ALINE.

    On vante ta beauté ;
Mais on se plaint de ta sévérité :
J'entends par-tout s'écrier : qu'elle est belle !
En même tems on dit : qu'elle est cruelle !
Si la sagesse est un premier devoir,
Ma belle enfant, toutes tant que nous sommes,
Nous avons tort d'éloigner trop les hommes.
Sans eux, Arsène, aurions-nous du pouvoir ?
Les hommes seuls nous élèvent des temples.
Eh ! pourquoi donc les mettre au désespoir ?
Je ne t'ai pas donné de tels exemples.

ARSÈNE.

A parler vrai : cette foule d'Amans
Fait un obstacle au bonheur de ma vie.

ALINE.

Tu me surprends : cela tient compagnie,
Et fait par fois passer de doux momens.

COMÉDIE-FÉERIE.

ARSÈNE.

Non pas à moi.

ALINE.

Mais véritablement,
Tu paroîs triste ?

ARSÈNE.

Il est vrai, je m'ennuie.

ALINE.

Par-tout l'Amour est un amusement.

ARSÈNE.

Il veut régner ; c'est une antipathie...

ALINE.

Que te sert-il d'être jeune & jolie ?
Bien loin de toi chacun s'est retiré.
De tes Amans va déchirer la liste
Tous ont bien fait. Que t'est-il demeuré ?
Le sot orgueil, compagnon dur & triste,
Bouffi, mais sec ; ennemi des ébats,
Il renfle l'âme & ne la nourrit pas.
Si tu pouvois trouver quelqu'un d'aimable.

ARSÈNE.

Je ne le puis. Tout m'est insupportable.
Desirez-vous faire en effet mon bien?

ALINE.

Je le desire & te le jure.

ARSÈNE.

Eh bien !...

ALINE.

Ouvre ton cœur, espere tout d'Aline.

B iv

ARSÈNE.

Enlevez-moi de ce maudit séjour :
Je veux aller à la sphère divine,
Faites-moi voir votre superbe Cour :
Je ne saurois supporter ma famille,
Ni mes amis. J'aime assez ce qui brille,
Le beau, le rare ; & je ne puis jamais
Me trouver bien que dans votre Palais ;
Dans ce Palais où la Beauté domine,
Dans ces jardins, ce séjour plein d'attraits,
Où les desirs sont toujours satisfaits.

ALINE, *à part.*

Nous y voilà.

ARSÈNE.

C'est ma seule espérance.

ALINE, *à part.*

Elle voudroit partager ma puissance !
(*Haut.*)
Le repentir....

ARSÈNE.

Non, non ; je ne me plais
Qu'à ranger tout sous mon obéissance.

ALINE.

L'ambition entraîne des regrets.

ARSÈNE.

Je ne veux point qu'un Amant me captive.
Je reste libre, & primer est mon goût.
Permettez-moi....

COMÉDIE-FÉERIE.

ALINE.

C'est me pousser à bout.
Tu le veux donc ? Si malheur t'en arrive,
Je te dirai : c'est toi qui l'as voulu.
De ce qu'on a sottement on se prive,
Pour trouver mieux.

ARSÈNE.

C'est un point résolu.

ALINE.

De mes États deviens donc Souveraine ;
Mais réfléchis. Songe, en faisant ce choix,
Que je te sers pour la derniere fois.
Tu m'attendras dans la salle prochaine ;
Prépare-toi, va faire tes adieux.
J'ai quelques mots à dire en Amérique,
Dans un instant je reviens en ces lieux.

SCÈNE IX.
ARSÈNE, *seule*.

Je vais jouir d'un pouvoir despotique !

ARIETTE.

Est-il un sort plus glorieux ?
Sous mes pieds je verrai la terre,
Je marcherai sur le tonnerre
Et je regnerai dans les Cieux.

Je triomphe, je suis Reine,
Je m'élève au-delà des airs ;
Je commande en Souveraine
Et je plane sur l'univers.

Est-il un sort plus glorieux ?
Sous mes pieds je verrai la terre,
Je marcherai sur le tonnerre,
Et je règnerai dans les cieux.

Fin du premier Acte.

ACTE SECOND.

(Le Théâtre représente des jardins enchantés. On y voit des cascades, des statues, un étang, sur lequel se promènent des cygnes. On entend le chant des oiseaux.)

SCÈNE PREMIERE.

ARSÈNE, *seule.*

ARIETTE.

L'ART surpasse ici la Nature.
Brillant Palais, séjour digne des Dieux,
Gazons naissans, jardins délicieux,
Où Flore étale sa parure ;
Boccages frais, ornemens de ces lieux,
Ruisseaux qui caressez avec un doux murmure
Le tendre émail de la verdure,
Sans affecter mon cœur, vous enchantez mes yeux.

Je ne vous vois qu'avec indifférence ;
J'éprouve une triste langueur.
Je cherche l'ombre & le silence,
Et le néant est dans mon cœur.

Ici j'exerce mon empire :
Tout m'obéit, & je soupire !
Ai-je encore à former des vœux ?
J'attendois un sort plus heureux.

L'Art surpasse ici la Nature, &c.

SCÈNE II.

ARSÈNE, EUGÉNIE.

EUGÉNIE.

Madame ici cherche la solitude,
Et se dérobe à notre empressement.

ARSÈNE.

Oui, laissez-moi respirer un moment.

EUGÉNIE.

Vous m'alarmez par votre inquiétude,
Vous voyez tout d'un œil indifférent.

ARSÈNE.

Eh non ! J'ai vu cet immense portique,
D'or ciselé dans un goût tout nouveau,
Les raretés de ce brillant Château,

Ces grands jardins : c'est un miracle unique.
Et j'ai trouvé tout passablement beau ;
Mais voir enfin toujours la même chose,
Toujours, toujours.

EUGÉNIE.

Que Madame propose,
Et nous pourrons varier ses plaisirs.

ARSÈNE.

Oui, variez.

EUGÉNIE.

Quels seroient vos desirs ?
La promenade, ou la pêche, la chasse,
La Comédie, un Acte d'Opéra ;
Même en Été, des traineaux sur la glace ?
Imaginez. Il n'est rien qu'on ne fasse.

ARSÈNE.

Eh ! mais... La chasse ? Elle m'amusera.

SCÈNE III.

CHŒUR *de Chasseresses qu'on ne voit point*, ARSÈNE, EUGÉNIE.

CHŒUR.

A la chasse, à la chasse, à la chasse, à la chasse;
 Vôlons à la chasse:
 Nos chiens sont prêts,
 Tendons les rêts,
 Courons les guérêts,
 Perçons les forêts,
 Armons-nous d'audace;
 Lançons nos traits.
 Vôlons à la chasse.

EUGÉNIE.

 Partons à l'instant:
 Un char vous attend.
 La quête est faite,
 L'écho répète
 Le bruit du cor.
 La chasse est prête.
 Qui vous arrête,
 Qui vous arrête encor?

CHŒUR.

Vôlons à la chasse, &c.

SCÈNE IV.
EUGÉNIE, ARSÈNE.
ARSÈNE.

Mais parcourir les plaines & les bois,
Cet éxercice est pénible, je crois,
Et convient mal à ma délicatesse.
Pour le présent je suis d'une foiblesse....
N'y pensons plus.
EUGÉNIE.
Faites un autre choix.
ARSÈNE.
Je ne le puis.
EUGÉNIE.
En quoi peut-on vous plaire?
ARSÈNE.
Je n'en sais rien.
EUGÉNIE.
Comment vous satisfaire?
Incessamment notre zèle, nos soins...
Et notre ardeur, Madame...
ARSÈNE.
Ayez-en moins.
EUGÉNIE.
Notre respect....
ARSÈNE.
Votre respect m'ennuie.

EUGÉNIE.
Que voulez-vous ?

ARSÈNE.
Je veux être obéie.

EUGÉNIE.
Commandez-nous ; dans l'inftant on vous fert.

ARSÈNE.
Je veux un bal... Non, je veux un concert.

SCÈNE V.
ARSÈNE, EUGÉNIE.

(Des Nymphes viennent exécuter un concert de voix & d'inftrumens qu'Arsène interrompt.)

ARSÈNE.
C'En eft affez : éloignez-vous, Mefdames.

SCÈNE VI.
ARSÈNE, EUGÉNIE.

ARSÈNE.

Quoi ! pour chanter vous n'avez que des femmes ;
Point d'homme ici : quelle affreuse langueur !
Je trouve bon que l'on me traite en Reine ;
Mais sans sujets, à quoi sert la grandeur ?
Si la beauté peut rendre souveraine,
Les hommes seuls connoissent son pouvoir.
Ils sont tous nés pour remper sous sa chaîne ;
C'est leur destin, c'est leur premier devoir.
On les méprise, & l'on veut en avoir.

EUGÉNIE.

Vous en voyez, & chacun d'eux s'empresse
A célébrer notre auguste maitresse.

SCÈNE VII.

EUGÉNIE, ARSÈNE, EUNUQUES *Noirs*.

Danses des Eunuques Noirs.

ARSÈNE, *après leur danse.*

Ils me font peur. Quel est ce troupeau noir?

EUGÉNIE.

C'est … une espece .. employée en Asie,
Ou par le luxe, ou par la jalousie.

ARSÈNE.

Renvoyez ça. Je ne saurois les voir.

SCÈNE VIII.
ARSÈNE, EUGÉNIE.
EUGÉNIE.

DE la paisible & douce indifférence
Nous habitons le tranquile séjour,
Et l'on admet ici sans conséquence
Ces êtres vains... faits pour la dépendance;
Pour nous servir, pour effrayer l'Amour.
ARSÈNE.
Je ne veux point de ces gens à ma Cour.
Autant vaudroit règner sur des statues.
J'en remarque une au milieu du jardin :
Elle paroît fouler avec dedain
Des cœurs, un arc & des flèches rompues :
Son air est fier.
EUGÉNIE.
Elle va s'exprimer,
Et d'un regard vous pouvez l'animer.
ARSÈNE, *à la statue.*
Voyez le jour ; vivez, s'il est possible.
> (*La statue se transforme en une jeune fille d'environ dix ans.*)

SCÈNE IX.

ARSÈNE, EUGÉNIE, MIRIS.

EUGÉNIE.

DE la beauté tout reſſent le pouvoir :
Son charme eſt ſûr, elle fait tout mouvoir.
Vous commandez, & le marbre eſt ſenſible.

MIRIS.

RÉCITATIF.

Quel éclat a frappé mes yeux !..
Eſt-ce moi ? J'agis & je penſe...
Je revois la clarté des Cieux,
Par quelle divine puiſſance
Ai-je repris ma premiere exiſtence?

ARIETTE.

Je ſens ſous ma main
Palpiter mon ſein.
Je renais, je reſpire une âme,
Je ſens mon cœur, il s'élance, il s'enflâme.
C'eſt pour aimer que je reviens au jour,
Mon cœur s'agite, il s'élance, il s'enflâme,
Je reſpire une âme & l'Amour,
L'Amour, l'Amour !
O Dieux ! eſt-il poſſible
Que ce cœur inflexible

Devienne fenfible,
Et foupire après lui?
Oui, oui.

Je fens fous ma main
Palpiter mon fein, &c.

ARSÈNE.
L'Amour!

EUGÉNIE.
Quel mot est forti de fa bouche!

ARSÈNE.
Elle n'est pas encor dans fon printems!

MIRIS.
Je paroîs jeune, & j'ai plus de cent ans.

ARSÈNE.
Cent ans!

MIRIS.
Jadis mon cœur étoit farouche,
Et j'ai perdu de précieux inftans.
Je me fouviens que dans mon jeune tems,
Certaine Fée, à qui je fus trop chere,
Me fit un don; c'étoit le don de plaire.
Graces, talens, beauté, l'art de charmer;
Ce fut mon lot : mais il falloit aimer.
Pour le bonheur, c'est un point néceffaire.
Sans rien aimer, la vie est un néant.

ARSÈNE.
Et votre cœur fut fenfible?

MIRIS.
Au contraire.
Vaine, fuperbe, un orgueil méprifant
M'avoit rendue indifférente, altiere,

N'aimant que moi, détestant les amans,
Je me plaisois à faire leurs tourmens.
Pour m'en punir, je fus changée en pierre.

ARSÈNE.

Vous me jettez dans un étonnement...

MIRIS.

On mit un terme à mon enchantement :
Il étoit dit qu'une Beauté plus fiere
Rendroit un jour mes yeux à la lumiere;
Et je vous dois ce bienheureux moment.

ARSÈNE.

Cette aventure est assez singuliere.

MIRIS.

Vous me voyez sous ma forme premiere.
Je me retrouve à l'âge de dix ans.
Je recommence aujourd'hui ma carriere,
Et je promets d'employer bien mon tems.
Adieu, Madame, adieu ; je vous rends grace.
Un doux espoir fait palpiter mon cœur :
Je cours, je vôle où m'attend le bonheur ;
Et vous pouvez figurer à ma place.

(*Montrant le piédestal qu'elle a quitté.*)

EUGÉNIE, *à Arsène.*

Vous paroissez troublée ?

ARSÈNE, *à part.*

Un juste effroi...

EUGÉNIE.

Daignez, Madame...

ARSÈNE, *impatientée.*

Encore ! Ah ! laissez-moi.

SCÈNE X.

ARSÈNE, *seule*.

ARIETTE.

EH quoi ! l'Amour est-il un bien suprême !
Pour être heureux il faut donc que l'on aime ?
Amour, Amour ! subirai-je tes loix ?
  Mais qui peut mériter mon choix ?

    Charmans oiseaux de ce bocage,
    Qui voltigez sous ce feuillage,
    Vous célébrez votre bonheur ;
    Votre brillant ramage
    Rétentit dans mon cœur ;
    Votre brillant ramage
    Annonce le bonheur.

    Ils suivent leurs desirs ;
    Ils chantent leurs plaisirs :
    Et je n'ai que des peines.
Je vois sur l'argent des fontaines,
    Des Cygnes amoureux,
    Deux à deux.
Du tendre Amour tout m'offre la peinture ;
Je vois l'Amour dans toute la Nature.

    Amour, Amour ! subirai-je tes loix ?
    Mais qui peut mériter mon choix ?

L'ennui m'accable & mon cœur se dessèche.
Par-tout ailleurs je serois beaucoup mieux.
Je n'y tiens plus... J'apperçois une brèche ;
Me voilà seule & loin de tous les yeux ;
Abandonnons un séjour odieux.

(*ARSÈNE franchit la brèche du mur. Le Théâtre change & représente un desert affreux, entre-coupé de rochers contre lesquels se brisent des torrens. Dans le fond est une epaisse forêt ; il règne une nuit profonde, & l'on ne voit le lieu de la Scène qu'à la lueur des éclairs.*)

Fin du second Acte.

ACTE III.

SCÈNE PREMIÈRE.

ARSÈNE, *seule*.

ARIETTE.

Où suis-je ! Quelle nuit profonde !
Malheureuse ! où porter mes pas ?
L'orage, le tonnerre gronde...
Quel bruit ! Quels terribles éclats !

Aline, Aline, hélas ! pardonne.
Au feu redoublé des éclairs,
Je ne vois que d'affreux déserts,
Des torrens... La mort m'environne.

(*Le tonnerre tombe sur un arbre qu'il brise : Arsène pousse un cri perçant, se jette à genoux, se couvre le visage d'une main & tend l'autre vers le Ciel.*)

Ah !

(Après un long silence, pendant lequel l'orage cesse & le tems s'éclaircit :)

Je me meurs ! Aline m'abandonne :
Je vais finir mes tristes jours !

(Elle apperçoit un Ours, qui traverse le Théâtre pour regagner la forêt.)

Un monstre ! Au secours, au secours !

(Elle monte sur un rocher :)

Au secours ! La mort m'environne !
Au secours ! Au secours ! Au secours !

SCÈNE II.

ARSÈNE, UN CHARBONNIER.

LE CHARBONNIER, *chantant & sifflant au loin sans être vu.*

EH ! nargue du chagrin ;
Nous aurons de bon vin.

ARSÈNE.

J'entends... je crois voir...

(Les paroles qu'elle dit ensuite sont chantées & se joignent à la chanson du Charbonnier ; ce qui forme une espèce de Duo.)

Venez à mon aide, au secours.
A l'aide ! sauvez-moi.

COMÉDIE-FÉERIE.

LE CHARBONNIER *descend d'une coline,*
un bâton d'une main, une lanterne de l'autre.
Eh ! nargue du chagrin ;
Nous aurons de bon vin.

ARSÈNE.
Prétez l'oreille à ma voix gémissante.

LE CHARBONNIER.
L'orage, le tonnerre
Fait mûrir le raisin.

ARSÈNE.
Venez dissiper mon effroi.

LE CHARBONNIER.
Nous aurons de bon vin,
Nous boirons à plein verre.
Eh ! nargue du chagrin ;
Nous aurons de bon vin.

ARSÈNE.
Je suis foible... je suis mourante.

LE CHARBONNIER.
Heu ! Qui va là ? Qu'est-ce que j'apperçois ?
C'est une femme !

ARSÈNE.
Hélas ! Qui que tu sois,
Par charité viens adoucir ma peine.
(Elle descend du rocher à l'aide du Charbonnier.)
Vois en pitié le malheur qui me suit.
Je suis tremblante, égarée, incertaine,
Et je ne sais où passer cette nuit.

LE CHARBONNIER, *l'examinant.*
Où la passer ? Parbleu ! dans mon réduit.
Elle est drôlette & faite de maniere...

Rassurez-vous. J'aurois grand tort, ma foi,
De l'exposer à la dent meurtrière
Des ours, des loups. Je n'ai qu'une chaumiere ;
Mais vous aurez un bon gîte chez moi.

ARSÈNE.

Ah ! mon ami !

LE CHARBONNIER.

    Votre ami ! Bon augure.
Oui, votre ami : bientôt je le serai ;
C'est mon desir, chere enfant, & je jure
Que dans l'instant je vous le prouverai.

ARSÈNE.

Un tel bienfait aura sa récompense :
Oui, sois certain de ma reconnoissance.

LE CHARBONNIER.

J'y compte bien ; mais, mais, dites moi donc,
En ce désert si jeune & si bien mise,
Que cherchiez-vous ? Quel étrange démon
Vous fait aller dans cet état de crise,
Pendant la nuit, à pied, sans compagnon ?
Au coin du bois vous voyez ma maison ;
Çà, donnez-moi votre bras, ma mignonne.
On recevra sa petite personne,
Comme on pourra. J'ai du lard & des œufs.
Toute Françaife, à ce que j'imagine,
Sçait, bien ou mal, faire un peu de cuisine.
Je n'ai qu'un lit ; c'est assez malheureux.

ARSÈNE.

Que dites-vous ?

LE CHARBONNIER.

   Ne faites pas la mine ;

Tout ce que j'ai, je l'offre de bon cœur,
Et fans façon.

ARSÈNE.

Vous penfez !.. quelle horreur !

LE CHARBONNIER.

Il ne faut pas faire la mijaurée :
Lequel des deux enfin doit commander?
Je fuis chez moi, vous êtes égarée :
Par conféquent vous devez me céder.

ARSÈNE.

Qui ? moi céder !

LE CHARBONNIER.
Êtes-vous mariée ?

ARSÈNE.

Que vous importe ?

LE CHARBONNIER.
Ayez le ton plus doux,
Si vous voulez que je fois votre époux.

ARSÈNE.

Puis-je à ce point me voir humiliée !

LE CHARBONNIER.

Dans vos regards j'apperçois du dédain ;
Je n'aime point qu'on foit impertinente,
Répugnez-vous à me donner la main ?

ARSÈNE.
Très-fort.

LE CHARBONNIER.
Hé bien ! Vous serez ma servante.

ARSÈNE.
Votre servante !

LE CHARBONNIER.
Eh ! mais il le faut bien.
De deux partis qu'enfin je vous propose,
Lequel vous plaît ? Je ne vous gêne en rien ;
Mais il faut être utile à quelque chose.

ARSÈNE.
Assurément vous êtes bien grossier.

LE CHARBONNIER.
Je suis poli moi comme un Charbonnier.
Ne faites pas ainsi la renchérie,
Vous trouvant seule au milieu de la nuit,
De bonne-foi, vous conviendrez, ma mie,
Que vous devez devenir mon profit.

ARSÈNE.
Peut-on plus loin porter l'excès d'audace !

LE CHARBONNIER.
Hein ? Quoi ? Plaît-il ? Vous faites la grimace.
Je vous crois fière. Oh ! si je vous déplais,

Vous êtes libre ; & je vous débarrasse
De ma figure. Adieu, dormez en paix.
Adieu, bon soir.

ARSÈNE.

Eh de grace ! De grace !

LE CHARBONNIER.

Eh non ! Pourquoi ? Je vous gêne, vous lasse ?

ARSÈNE.

Restez. (*Apart.*) Que dis je ?

LE CHARBONNIER.

Eh bien ! décidez-vous.
Je ne suis pas si méchant que les loups.

ARSÈNE.

Je vous suivrai.

LE CHARBONNIER.

Vous voilà plus soumise.
Quand on a peur, tout orgueil s'humanise.
Ah, quel plaisir ! Ce petit bijou-là
En un Palais va changer ma caverne.

(*Il chante & laisse tomber sa lanterne.*)

La, la, la, la.... Ramassez ma lanterne ;
Ramassez-la, vous dis-je.

LA BELLE ARSÈNE,

ARSÈNE.

La voilà.
Comment pourrai-je éviter ?.. Quel supplice !

LE CHARBONNIER *appelle ses garçons.*

Holà, Silvain, Pataut, Dubois, Noiraut !
(*A Arsène.*)
Ce sont les gens qui sont à mon service.
Je veux qu'ici chacun vous obéisse ;
Et qu'après moi... Silvain, Dubois, Pataut !
Ces coquins-là tardent bien à paroître ;
Oh ! je les vas...

SCÉNE

COMÉDIE-FÉERIE.

SCÈNE III.
ARSÈNE, LE CHARBONNIER, SILVAIN, PATAUT, DUBOIS, NOIRAUT.

SILVAIN.

Me voilà.

NOIRAUT.

Me voici.

DUBOIS.

Que voulez-vous ?

PATAUT.

Que vous plaît-il, not' maître ?

LE CHARBONNIER.

Au premier mot, je veux être obéi.

PATAUT.

Oui.

LE CHARBONNIER.

Tôt ou tard il faudra que j'assomme
Quelqu'un de vous.

ARSÈNE.

Ah, quel homme ! quel homme !

LE CHARBONNIER.

Que faisois-tu ?

D

LA BELLE ARSENE

SILVAIN.

Je viens de la forêt,
Chercher du bois.

LE CHARBONNIER.

Toi ?

NOIRAUT.

J'allumois la lampe.

LE CHARBONNIER.

Toi, grand flandrin ?

PATAUT.

Moi ? j'avons une crampe.

LE CHARBONNIER.

Attends, attends. (*Pataut se sauve à toutes jambes.*) Mon souper ?

NOIRAUT.

Sera prêt
Dans l'instant.

LE CHARBONNIER.

Bon : un couvert pour Madame.
Respectez-la : c'est ma douzième femme.

SCÈNE IV.

LE CHARBONNIER, ARSÈNE.

LE CHARBONNIER.

EN attendant, repósez-vous ici.
L'air est plus frais, le ciel est éclairci.
(Elle s'assied.)

ARSÈNE.

Si vous vouliez avoir la complaisance
D'écouter...

LE CHARBONNIER.

Qu'est-ce ? En deux mots finissez.

ARSÈNE.

Vous ignorez mon rang & ma naissance.
Je suis...

LE CHARBONNIER.

Jolie ; & pour moi c'est assez.

ARSÈNE.

La Fée Aline eut soin de mon enfance.

LE CHARBONNIER.

Aline ou non, qu'importe ?

ARSÈNE.
Mais...

LE CHARBONNIER.
Eh bien !

D ij

LA BELLE ARSÈNE,

ARSENE.

Sans me connoître?

LE CHARBONNIER.

Oh! cela n'y fait rien.
Après la noce on fera connoissance.

ARIETTE EN DUO.

ARSÈNE.	LE CHARBONNIER.
Ah! respectez mon destin rigoureux;	Votre sort n'est point rigoureux,
Ayez un cœur sensible & généreux.	Puisqu'il est vrai que je vous aime.
N'abusez point de ma foiblesse extrême :	Rendez mon cœur sensible & généreux.
Il est si doux de faire des heureux!	On doit toujours se plaire à faire des heureux;
En obligeant, on s'oblige soi-même.	Je trouve bon votre système :
Si vous m'aimez,	En obligeant, on s'oblige soi-même.
	Répondez donc, répondez à mes vœux.
	Oui, parbleu! je vous aime,
Ah ! respectez mon destin rigoureux;	Votre sort n'est point rigoureux,
Ayez un cœur sensible & généreux.	Puisqu'il est vrai que je vous aime.
N'abusez pas de ma foiblesse extrême;	Je goûte fort votre système.
Il est si doux de faire des heureux!	Il est bien doux de faire des heureux,
En obligeant, on s'oblige soi-même.	Mais en commençant par soi-même.

ARSÈNE, *avec beaucoup de retenue & de ménagement.*

C'est l'amour seul, & non l'autorité,
Qui de mon sexe adoucit la fierté.
L'Amant supplie & n'agit point en maître.
Par les égards, le respect, la douceur,
Avec le tems il sçait gagner un cœur.
Esperez tout de vos soins; & peut-être...

LE CHARBONNIER, *brusquement.*

Moi, comme un sot, aimer avec fadeur !
Le mâle doit gouverner la femelle :
C'est la raison, c'est l'ordre, c'est la loi.
Ces agrémens qui te rendent si belle,
Si fière... dis, sont-ils formés pour toi ?
Non, c'est pour l'homme. Or j'en suis un, je crois.
Donc j'ai des droits : ne sois pas si rebelle.
Allons, allons, cher trésor de mon cœur,
Çà, plus de bruit; soyons de bonne humeur.
Embrassons-nous. (*Il veut l'embrasser*).Qu'avez-vous, chere amie?

ARSÈNE, *effrayée.*

Je n'en puis plus... La fatigue, la peur...

LE CHARBONNIER.

Pour réchauffer, ranimer votre cœur...
(La pauvre enfant est presque évanouie).
Vous allez boire un verre de liqueur.
J'en vais chercher.

(*Il sort.*)

SCÈNE V.
ARSÈNE, *seule.*

Jusqu'où va mon malheur!
Il est comblé! Dieux! quelle différence!
Qu'il est brutal & déplaisant! Encor...
Si c'étoit lui, si c'étoit Alcindor,
Dans mon état je prendrois patience:
Cher Alcindor! ton amour outragé...
Mon repentir... Tu n'es que trop vengé!
Oui, je l'aimois : c'est cet orgueil extrême,
Qui fut toujours si contraire à moi-même...
Dois je subir mon déplorable sort ?
Ah! je n'ai plus d'autre espoir que la mort,

(*Elle se laisse tomber sans connoissance sur un banc. Le Théâtre change & représente un Sallon superbement orné pour une Fête. Arsène paroît endormie sur un riche Canapé.*)

SCÈNE VI & derniere.

ARSÈNE, ALINE, ALCINDOR;
Dames & Chevaliers, chantans & danſans.

CHŒUR.

Triomphez, cher Alcindor,
Triomphez, l'Amour vous couronne.
Triomphez, cher Alcindor;
Un cœur qu'il donne
Eſt un tréſor.

ALINE, *montrant Alcindor.*

Il oublie Arſène,
Cette Beauté vaine,
Il oublie Arſène,
Il rompt ſes nœuds.
Un nouvel objet l'enchaîne,
Et l'Amour comble ſes vœux.

CHŒUR.

Triomphez, cher Alcindor, &c.

(*Arſène ſe réveille pendant ce Chœur, paroît étonnée & marque la plus grande attention.*)

ARSÈNE, *avec inquiétude.*

Pour qui ces chants, tous ces apprêts, ces jeux?

ALINE.

Pour Alcindor : il se marie.

ARSENE.

      O Dieux!
Alcindor !... lui !... (*A part.*) Je suis désespérée.

ALINE, *ironiquement.*

Excusez-moi : je vous ai retirée
Pour un moment d'un séjour plein d'attraits,
Où les désirs sont toujours satisfaits.
Mais en ce jour votre auguste présence
Doit honorer les noces d'Alcindor.
Un Charbonnier gémit de votre absence ;
Je vais vous rendre à son impatience.
Demain, ce soir, vous reprendrez l'essor.

ARSÈNE.

Que dites-vous ! ô ma chere marreine ?
Quoi ! votre cœur peut jouir de ma peine !
Ah ! par pitié.... si je fus jusqu'alors
Impérieuse & trop enorgueillie,
Je m'en repens, sans m'en croire avilie ;
L'âme s'éleve, en avouant ses torts.

ALINE.

Voilà l'orgueil que je trouve excusable :
Tout autre égare & devient méprisable.
  (*En lui présentant Alcindor.*)
Mais Alcindor, cet Amant rebuté !....

COMÉDIE-FÉERIE.

Je m'intéreſſe à ſa félicité.
Je lui procure une femme charmante,
Plus belle encor par ſa ſimplicité,
Douce, attentive, honnête, prévenante.
La modeſtie embellit la beauté.

ARSÈNE, *regardant tendrement Alcindor*
& avec une eſpèce de confuſion.

Ai-je des droits pour en être jalouſe?
(*A Alcindor.*)
Epouſez-la; je l'ai trop mérité.
Cher Alcindor! l'excès de vanité....

ALCINDOR.

Quel changement!

ALINE, *à Arſène.*
C'eſt donc toi qu'il épouſe?

ALCINDOR, *avec tranſport.*

C'eſt mon eſpoir, & ſi vous conſentez....
Si votre cœur a ſurmonté la haîne....
Ah! que mes vœux ne ſoient pas rejettés.

ARSÈNE.

Qu'entends-je?

ALCINDOR.

Arſène! O ma divine Arſène!
C'eſt à vos pieds... décidez de mon ſort.
J'attends de vous ou la vie, ou la mort.

LA BELLE ARSÈNE,

ARSENE.

Reçois ma main, fois mon fouverain maître :
Je fuis à toi, je vois un nouveau jour ;
Je me croyois au-deffus de mon être.
Dieux ! quelle erreur ! il me manquoit l'amour,
Et c'eft toi feul qui me le fais connoître.

ALINE.

Que falloit-il à ton cœur ? Qu'il voulût,
Qu'il fût fenfible, & qu'Alcindor lui plût.

ARIETTE EN *DUO*.

ARSÈNE.	ALCINDOR.
J'ai donc tout ce que je defire ;	J'obtiens tout ce que je defire.
Alcindor fera mon bonheur.	Arsène fera mon bonheur.
Si je peux regner fur fon cœur,	Regnez à jamais fur mon cœur ;
Je ne veux jamais d'autre empire.	Je me foumets à votre empire.

ALCINDOR.

C'eft à vous de regner fur moi.

ARSÈNE.

Vous regnerez encor plus fur moi-même.

ENSEMBLE.

Je fuivrai toujours votre loi;
C'eſt à vous de regner fur moi.
Obéir à ce que l'on aime,
Il n'eſt point de plus douce loi.
Vous regnerez toujours fur moi,
Et ce fera mon bien fuprême.

CHŒUR.

A l'Amour livrez vos cœurs,
Tendre Alcindor, charmante Arſène.
A l'Amour livrez vos cœurs.
    Il vous enchaîne
    Avec des fleurs.

ALINE.

    Puiſſance fuprême,
    Tréſors, Diadême;
    Puiſſance fuprême,
    Vous n'êtes rien.
On a tout, lorſque l'on aime :
L'amour feul eſt le vrai bien.

CHŒUR.

A l'Amour livrez vos cœurs, &c.

ALCINDOR, ARSÈNE.

Tendre Amour, unis nos cœurs,
Et dans ton fein confonds nos âmes;

Pour jamais unis nos cœurs.
Pour nous tes flâmes
Sont des faveurs.

ARSÈNE.

Que ta douce ivresse,
Dieu de la tendresse,
Que ta douce ivresse
Charme nos sens.
Quelle flâme enchanteresse !
Quels plaisirs plus ravissans !

CHŒUR.

Tendre Amour, unis nos cœurs,
Et dans ton sein confonds nos âmes;
Pour jamais unis nos âmes.
Pour nous tes flâmes
Sont des faveurs.

(On danse.)

FIN.

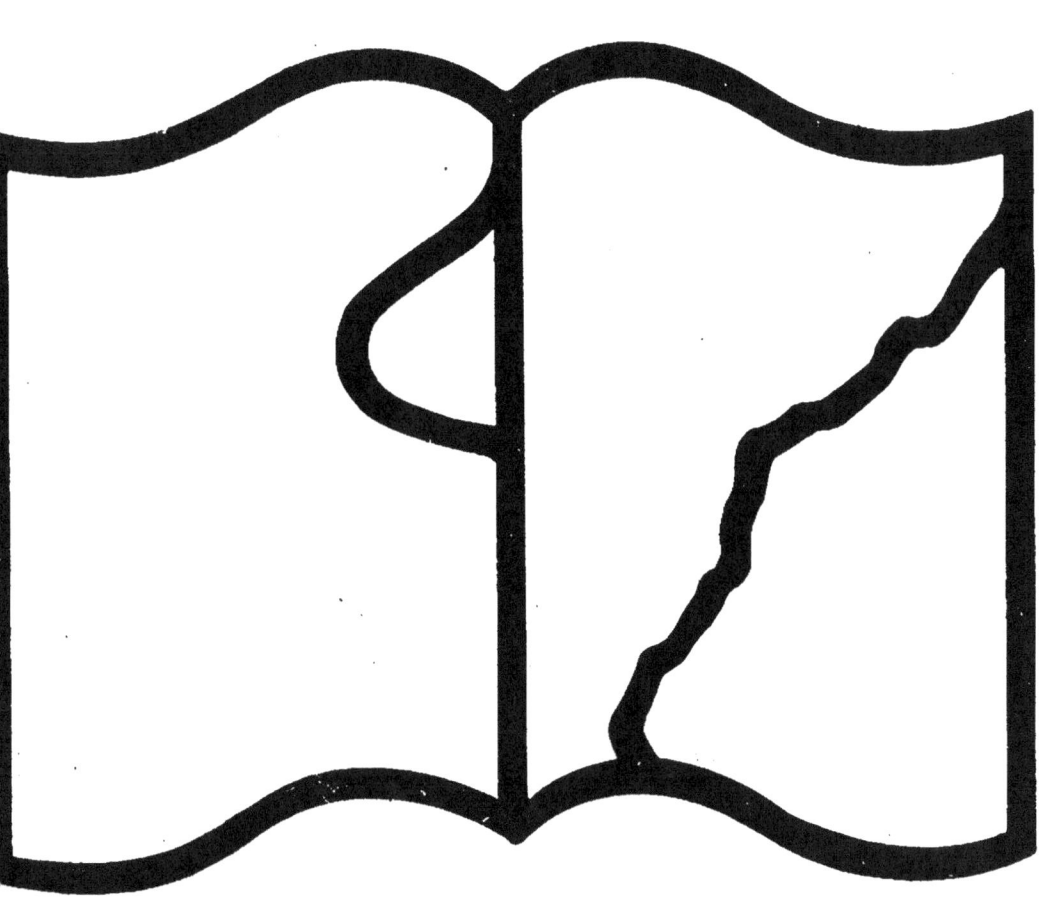

Texte détérioré — reliure défectueuse

NF Z 43-120-11

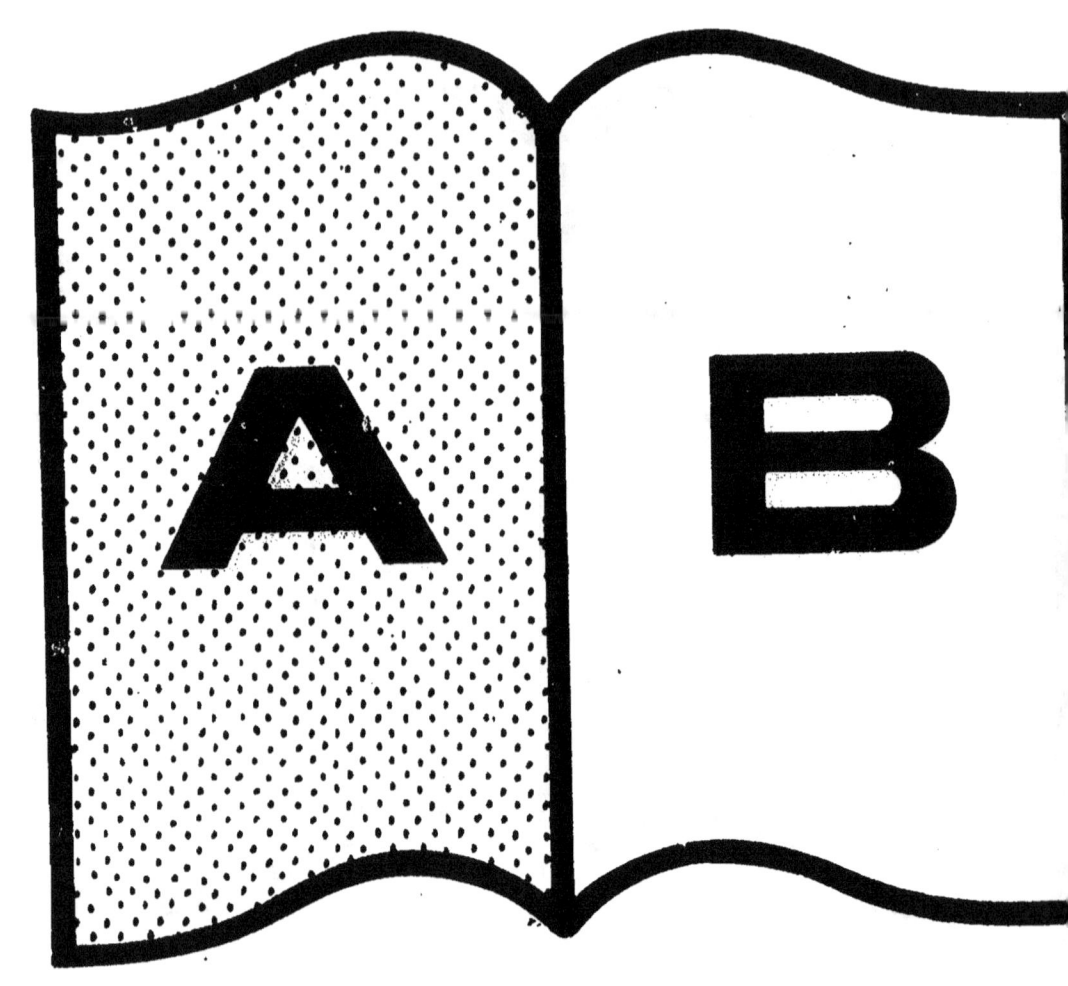

Contraste insuffisant

NF Z 43-120-14

www.ingramcontent.com/pod-product-compliance
Lightning Source LLC
LaVergne TN
LVHW022122080426
835511LV00007B/981